Gerhard Polt · Hanns Christian Müller

Da fahren wir nimmer hin

Ostern, 2004

Liebste Nina!

Als begeisterte Reisende in allen Herren Länder wirst Du bestimmt an diesem nicht ganz Ernst gemeinten Reisebericht Deinen Spaß haben.

Zu Deinem 30. Geburtstag und für Deinen neuen Lebensabschnitt wünsche ich Dir alles Liebe.

Dein Marius

Gerhard Polt
Hanns Christian Müller

Da fahren wir nimmer hin

Urlaubsimpressionen

Illustriert von Volker Kriegel

Kein & Aber

1. Auflage, Frühjahr 2003

Coverbild: Volker Kriegel
Satz: Doris Grüniger, Zürich
Druck und Bindung: Ebner & Spiegel, Ulm
ISBN 3-0369-5111-3

www.keinundaber.ch

Inhalt

Die Kulturreise

Frau Mitterwieser disponiert um.

Mir samma heuer nach Italien abi, ham mir amal so a Kulturreise gmacht. Gell, aber scho in Bozen ham mir so a Panne ghabt, na ja, irgendwie, a Reifen is uns platzt, ich glaub, vielleicht hams uns neigstochn ghabt, i woaß net. Na warn mir noch in Verona, und da ham mir a sehr gutes Kalbfleisch geßn, na samma runter dann, da, da nach, wie heißt's, Florenz, da ham mir aber nachert schlecht an Parkplatz kriegt, net, is ja alles verbaut da bei dene. Und in Perugia, da hat der Franz dann sein Durchfall kriegt, vom Obst, net, obwohl mir ja sonst die Lebensmittel alle selber dabeiham, weil da drunten des is ja z' gfährlich, net. Aber mei, und dann san mir, mir ham versucht, dieses Carabinieri da zu finden, da sin mir also ständig rumgfahrn, des war auch irgendwie, ich weiß aa net, die ham a schlechte Beschilderung. Und dann in Rom hams am Franz ja die Geldbörse rausgstohln, net – grad in Rom. Na ja, na ja, sonst is's ja net schlecht da drunt, 's nächstemal fahrn mir aber nach Spanien.

Italien

A: Und? Sie fahren nach Italien?

B: Ja, zuerst nach Rom, und dann Neapel!

A: Neapel! Sind Sie wahnsinnig?

B: Ich weiß. Aber was will ich machen – meine Frau will. Und außerdem, dieses Pompeji …

A: Haben Sie wenigstens eine Waffe bei sich?
B: Sicher, ich habe einen Spray.
A: Spray? Wahnsinn, das genügt doch nicht. Spray! Wenn die Sie überfallen, dann haben die eine Kalaschnikow!
B: Sicher, der Spray ist nur gegen die Kinder gedacht, weil die …
A: Genau, die gehen raffiniert vor. Wenn die Ihnen ein Kind auf den Hals schicken – sofort schauen, ob ein Carabiniere in der Nähe ist!

B: Sowieso, wir haben unsere Sachen unter Kontrolle.

A: Die Geldbörse?

B: ... haben wir mit einem Sensor ausgerüstet. Das geht via Satellit.

A: Verstehe ...

B: Wenn einer die Tasche wegreißt, mit dem Geldbeutel, ist da eine Rückkoppelung da, das geht über Berlin, und dann geht das sofort an die Polizei ...

A: In Berlin?

B: Sicher, aber von dort direkt über Rom nach Neapel.

A: Glauben Sie, daß die in Neapel eingreifen?

B: Nein, das nicht, aber wenn die Geldtasche ...

A: Sie meinen, man kann dann verfolgen, wo das ist?

B: Genau! Selbst wenn sie das Auto klauen ...

A: ... und in die Mongolei verschleppen.

B: ... ich weiß immer, wo es ist.

A: Toll!

B: Außerdem, beim Auto weiß ich einen Trick.

A: Welchen?

B: Unverschämt parken.

A: Wie?

B: Ganz einfach irgendwo hinstellen. Vor der Polizeistation oder mitten auf die Straße.

A: Wie? Alles blockieren?

B: So ist es. Das fällt auf. Dann holt irgend jemand die Polizei, um es abzuschleppen.

A: Und wenn es wirklich abgeschleppt wird?

B: Dann weiß ich wenigstens, dieses Auto ist so lange wirklich bewacht.
A: Sie sind vielleicht ein gerissener Hund!
B: Was will man heute machen? Anders kann man heute nicht mehr verreisen.
A: Vor allem nicht nach Neapel.

Vom Boden essen

Ein italienisches Straßenlokal. Otto und Ute sitzen am Tisch. Am Nebentisch sitzt eine Dame.

KELLNER: So, bitte, was darf's ein?

OTTO: Prego, vogliamo due Calamarie diabolo, e poi…

KELLNER: Irgendwas dazu?

OTTO: Ja, äh, prediamo una insalata mista e un poco di pane.

KELLNER: Also, zweimal Tintenfisch, gemischter Salat und Brot.

UTE: Herr Ober, könnten Sie nicht hier ein bißchen abwischen, das ist ja schauderhaft schmutzig. Sehen Sie mal.

Sie fährt mit dem Finger über den Tisch.

KELLNER: Sofort.

Wischt Tisch ab, schüttet Abfälle auf den Boden.

UTE: Wissen Sie, wir sind das nicht gewohnt, solchen Schmutz. Bei uns in Deutschland gibt es Lokale, da könnte man direkt vom Boden essen. Sogar in italienischen Restaurants übrigens.

KELLNER: Jaja, schon gut. Wir essen auf dem Tisch, gnä' Frau.

UTE: Ich sagte auch nur, man könnte…

OTTO: Sag mal, Knipsi, welchen Italiener meinste denn bei uns?
UTE: Na, zum Beispiel *Rosario* in der Türkenpassage.
OTTO: Na, aber vom Boden essen würde ich bei dem auch nicht unbedingt.
UTE: Ich sagte ja nur, man könnte. Außerdem gibt es ja auch noch deutsche Lokale – denk an Brunnhof oder Kirchsteiger.
OTTO: Na ja, da haste recht, da blitzt alles.
UTE: Igitt, Otto, guck dir das an, dieser Köter, mitten zwischen die Tische, pfui …
Ein Straßenköter hat gerade mitten zwischen den Eßtischen sein Geschäft verrichtet.
OTTO: Ja, das ist eine Sauerei, dieses Vieh, pfui!
UTE: Pfui, pfui, gehst du weg!
Otto steht auf und verjagt den Hund.
OTTO: Das ist ja allerhand, das ist ja allerhand. Das gibt es auch nur hier.
UTE: Mir ist richtig der Appetit vergangen. *Fährt über den Tisch.* Hier, sieh mal …
OTTO: Möchte nicht wissen, wie's in der Küche aussieht.
Der Kellner serviert am Nebentisch ein Gericht.
UTE: Sieht aber ganz ordentlich aus …
OTTO: Bon appetito.
FRANÇOISE: Merci.
OTTO: Ich sagte gerade zu meiner Frau: Hier möchte ich nicht vom Boden essen.

UTE: In Deutschland haben wir Lokale, da könnte man direkt vom Boden essen, so sauber ist dort alles.

FRANÇOISE: Pardon?

UTE: Sie versteht nicht.

OTTO: In Germania habiamo restaurante possibile mangare – was heißt Boden?

UTE: Terra.

OTTO: Terra, hier …

UTE: … das ist hier in Italien nicht möglich, hier muß man auf dem Tisch essen. Tavola.

OTTO: In Italia mangare tavola.

FRANÇOISE: Pardon?

UTE: Das hatse nich verstanden. Speak English? Very dirty here, not clean.

OTTO: You must eat from the table.

FRANÇOISE: Pardon, je n'ai pas compris.

OTTO: French?

FRANÇOISE: Oui?

UTE: Laß mich mal: Ici al' Italy on n'est peu pas manger la ba … *Deutet.*

FRANÇOISE: Où?

OTTO: La ba … *Deutet auf den Boden.*

FRANÇOISE: Ah, oui, c'est pas bon.

OTTO: Was heißt denn Schmutz?

UTE: En Allemagne on peu manger de la terre.

FRANÇOISE: De la terre?

UTE: Ouioui …

OTTO: Nein. No, no. Man muß hier essen, manger

la … *Klopft auf den Tisch.*

FRANÇOISE: Oui, oui, manger de la table, oui.

OTTO: Oui. Was heißt den Schmutz – compost?

UTE: An Allemagne on peu manger de la terre.

FRANÇOISE: Iiii, manger de la terre, uä, là-bas, uä.

OTTO: No, no, Germani possibile. Nicht immer, aber manchmal, non sempre.

UTE: Das verstehtse nich.

FRANÇOISE: Pourquoi vous mangez de la terre?

UTE: No, nous ne mangeons pas de la terre, ma nous pouvons.

OTTO: Wir müssen hier essen – *klopft auf den Tisch* –, weil es hier nicht möglich ist … *Deutet auf den Boden.* Schau mal nach, was heißt denn Schmutz?

UTE: Ich hab nur Deutsch-Italienisch.

OTTO: Herrgott, wie erklären wir ihr das? Haben Sie 'n Wörterbuch?

UTE: Avez vous une dictionaire Française-Italien?

FRANÇOISE: Oui, oui.

UTE: Un moment. *Sieht im Deutsch-Italienisch-Lexikon nach.*

OTTO: *zu Françoise* Gleich, gleich, moment. Moment, Moment …

UTE: Ah, hier, moment. *Geht zu Françoise an den Tisch, sieht in Françoise' Italienisch-Französisch-Wörterbuch nach.* La …

FRANÇOISE: *liest* Ah, oui, ici c'est très salle là-bas, oui, c'est vrais.

OTTO: Jaja, genau. Impossible manger la ba.
FRANÇOISE: Oui, c'est certainement impossible ...
UTE: Ma, on Alemagne on pu manger de la terre ...
KELLNER: So, meine Herrschaften, die Calamari sind da, wo soll ich servieren, wollen Sie auf dem Boden oder ...?
OTTO: Machen Sie keine Witze, Herr Ober.
FRANÇOISE: Bon appetit.
KELLNER: Guten Appetit.
OTTO: Merci.
UTE: Merci.
Die beiden probieren.
OTTO: Mmh. Sehr lecker.
UTE: So frisch kriegste die nur hier in Italien ...
OTTO: Ja, bei uns sind se immer tiefgefroren. Also wirklich, Klasse ...
Seitenblick zu Françoise
OTTO: Übrigens, in Frankreich sind die, was Sauberkeit anbelangt, auch nicht gerade pingelig ...

Touristikinformation

MODERATOR: Und nun, meine Hörer, haben wir Herrn Edenkofler von der Informationsstelle Touristik in Südtirol am Apparat. Hallo, Herr Edenkofler – hallo, Herr Edenkofler?

EDENKOFLER: Jaja, ich höre ja schon.

MODERATOR: Herr Edenkofler, Frage: Wie sieht's denn aus bei Ihnen unten nach dem schrecklichen Attentat, jetzt?

EDENKOFLER: Ja, es isch herrlich. Also, das Wetter ist ganz hervorragend, schon die letzten Tage, wo es auch sehr guet … und der Herbscht isch hereingebrochen …

MODERATOR: Nein, wir haben doch gehört, Herr Edenkofler, das Krankenhaus bei Meran ist doch in die Luft gesprengt wordn …

EDENKOFLER: Der Wein steht wirklich guet, und das Laub, die Sonne, wo hineinscheint, Zimmerlen sein frei, also, das ganze Eisacktal hat ja jetzt mehrere Zimmerlen frei, seitdem die Autobahn … da is es gar kein Problem mehr für Stammgäste, e Zimmerle zum Kriege.

MODERATOR: Nein, Herr Edenkofler, aber wir haben gehört, deutsche Touristen sollen verletzt worden sein …

EDENKOFLER: Ja, ich han bloß ghert e bissel ganz leicht, aber jetzt isch ja die Zeit, wo man sich an Kachelofen hinsitzen tuet, wo man sich's gmietlich macht und e Weindele trinkt und nachher den Edelkastanien horcht und e bißle Muusig, nid...

MODERATOR: Ja, Herr Edenkofler, aber ich meine, man hat gehört, die Attentäter haben angekündigt, die Bahn in die Luft zu sprengen.

EDENKOFLER: Ja, also ich glaube, wenn man pünktlich wegfahrt, dann kemmt man auch pünktlich an. Im Himmel isch no e jeden pünktlich kemmen. Eh, wenn's eso sein soll, aber es isch wirklich herrlich wie selten. Die Temperaturen sein zwischen 18 und 21 Grad. Es isch also ...

MODERATOR: Was sagt die Polizei dazu? Die Attentäter planen doch weitere organisierte Verbrechen, Herr Edenkofler?

EDENKOFLER: Das Herbschtlaub gibt diese Beschaulichkeit wieder, wie's jetzt im Herbscht isch und das Südtirol eintaucht in ein malerischs, pittoreskes Bild wie mer's sehr selten ...

Detonation einer Bombe.

MODERATOR: Hallo, Herr Edenkofler, hallo, hallo, Herr Edenkofler? Ja, soviel nun aus Südtirol, meine sehr verehrten Damen und Herren, und wir schalten jetzt um in unser Touristikinformationsbüro in San Sebastian im Baskenland.

Der Überfall

A: Hallo, hallo, ein Neuankömmling, was?
B: Ja, ähm, mei, hehe …
A: Na, wie sind Sie denn hier hergefahren? Über Cambodazo oder über Ramazotti?
B: Ja, mir sin, ah …
A: Also, ich sag Ihnen, wir sind über Lazaretto und dann Giovanni … Sie verstehen. Also, das war unmöglich. Zwei Tage Stau, es war, also wirklich, unglaublich, nicht wahr? Und ich sag Ihnen, äh, wie lange bleiben Sie, wann fahren Sie denn wieder zurück?
B: Ja, mei, mir sin, äh ja, äh, praktisch erst …
A: Na ja, aber ich, ich sag Ihnen eines, nicht wahr, passen Sie auf, Monte del Trano, Caso Salles, ummöglich, nicht wahr. Bei Inflamabile, also da, die Polizei. Mann steht stundenlang. Nehmen Sie die Carabiniere Lasagne und Castel Laguna. Links ins Gebüsch und dann weg. Und dann schönen Tag und schönen Urlaub.

Alles über Jugoslawien (Ex)

Karl A. Sotbrenner reflektiert.

Auf der Insel Krk ist der Sonnenschirm circa um die, ja, achthundertfünfzig Dinare zu haben, das sind zehn sechzig ziemlich genau, in Deutschland bereits eingewechselt, das Essen, ja, würd ich sagen, Wiener Schnitzel mit Pommes ist auch um die neunhundert Dinar zu haben, Personal etwas unzu... also muffig, nicht wahr, durchaus muffig, Beschwerden haben im Sozialismus wenig Sinn, sonst muß ich sagen, tja, das Meer, wir haben wenig gebadet, diese Nackedeistrände sind auch nichts für uns, zur Linken, zwohundet Meter circa, ist so eine Pizzeria, da konnte man ersatzweise mal was zu sich nehmen, auf der rechten Seite, auch so vier-, fünfhundert Meter, war auch 'ne Pizzeria, die hat übrigens 'n Deutschstämmiger geführt, der kommt noch aus dem Banat, nicht wahr, der führt Pizza, ersatzweise auch mal was Einheimisches, wer's will, kann das essen, diese Cevapii oder so was, sonst touristisch wenig interessant, nicht wahr, gibt zwar 'nen alten Kaiserpalast in der Nähe oder so, aber das haben wir uns diesmal nicht angetan, dafür sehr familiär, da waren auch nette Leute da, unser Nachbar, das war so 'n Audihändler aus Bad-Klein-

kirchheim, sehr nette Leute das, nicht wahr, das Meer sehr sauber, sehr sauber, alles kanalisiert heute, nicht wahr, und wir sind dann mit einer wirklich tiefen Bräune nach Hause gefahren, und zwar Krk-Olching haben wir gemacht in circa dreizehn Stunden, gemacht bei einmaligem Tanken nur, ohne Aufenthalt durch Österreich ruckizucki durch, und schon waren wir also mit ganz dunklen Pigmenten zu Hause in Olching.

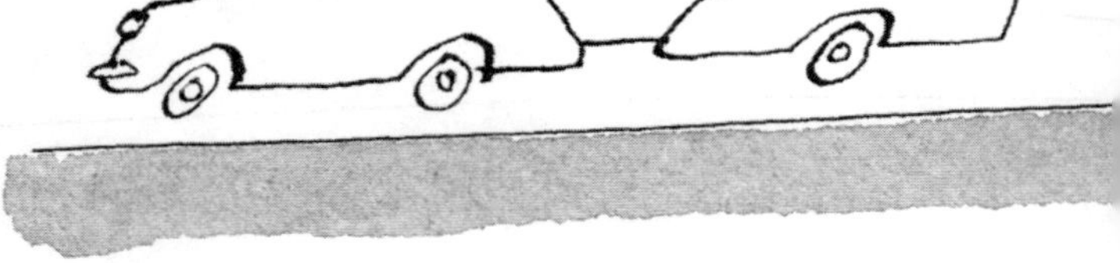

Campingfreuden

Also, wir fahren praktisch jedes Jahr nach Jugoslawien, dann nach Istrien und auf an Campingplatz, ach, das Camping das is so … man hat ein ungebundenes Leben, gell, es is … man hat sei Freiheit, man ißt, wenn man will, wie man will, net, man braucht sich nicht umziehn dazu, da schaut kei Mensch danach, gell, bloß, sagen wir halt, diese Campingplätze da drunten, die sind ja schmutzig, also, ein Dreck, es is ja wahnsinnig, also, man glaubt es kaum, net, dieser Sozialismus, es is, ja, also, die Toiletten sind verstopft, und die Leute haben ja, reihenweise hams diese Darminfektionen, alle Touristen praktisch, net, und vor allem die Deutschen, net, also, wir haben's ja schon ghabt, bevor wir überhaupt hinkommen sind.

Im Urlaub

Famile Stadler, Roland und Maria sowie die Kinder Bengt und Carmen, sitzen im Ferienappartement in Jugoslawien. Es regnet. Maria kocht Tee, Roland liest im Reisebüroprospekt, Bengt und Carmen spielen ein Computerspiel.

BENGT: Babba, wann fahrn mir 'n wieder?
ROLAND: Ah, sei stad, mir san doch grad erscht kommen, des hört scho wieder auf.
MARIA: Jetz sei net so ungeduldig, Bengt, mir samma hier im Süden.
ROLAND: Des is hier der Mittelmeerraum, des Klima is hier mediterran.
MARIA: Mir san ja erst an fünften Tag da …
Es klopft.
Ja, herein!
Herr Kaschke steht triefnaß mit Schirm und Regenbekleidung in der Tür.
Ah, Herr Kaschke, kommen S' rein, mögen S' a Taß Tee, mir trinken grad an Tee.
ROLAND: Mögen S' a Tasserl?
KASCHKE: Neenee, lassen Se sich nich aufhalten, ich wollte Ihnen nur sagen, das mit dem Grillfest morgen, das fällt ins Wasser, also buchstäblich …

ROLAND: Wieso? Des woaß ma net. Vielleicht is morgen scho a tadelloses Wetter. Mir san ja hier im Mittelmeerraum.
KASCHKE: Tja, das wollen wir nicht mehr abwarten, wir streichen die Segel.
MARIA: Ah geh, fahrn Sie scho? Mei, des is aber schad.
KASCHKE: Wir sind jetzt seit zehn Tagen praktisch ständig unter Wasser. Sogar die beiden Holländer fahrn.
ROLAND: Was, die auch?
ROLAND: Mei, jetz hätten die Kinder so nett spieln können mitanand.
KASCHKE: Wissen Sie, das ist wie verhext, voriges Jahr in Sylt, vor zwei Jahren Normandie, jedes Mal dasselbe. Also dann, 'n schönen Urlaub noch.
MARIA: Ja, Ihnen auch.
ROLAND: Mir halten derweil die Stellung.
KASCHKE: Ja, und viel Spaß noch.
MARIA: Und fahrn S' fei schön vorsichtig bei dem Regen.
KASCHKE: In Deutschland ist 'n Traumwetter, jedenfalls laut Wetterbericht.
ROLAND: Ja, hier werd's a boid besser, mir san ja hier im Mittelmeerraum.
KASCHKE: Ja, da wünsch ich ihnen viel Glück, Wiedersehn.
ROLAND: Wiederschaun.

MARIA: Wiederschaun.
KASCHKE: Also dann …
Geht.
MARIA: Roland, a Tee zum Aufwärmen?
ROLAND: Ja.
MARIA: Carmen, laß den Pullover an, sonst verkälst di noch! Daß die net amoi a Heizung da herin ham …
ROLAND: Ja mei, des is der Mittelmerraum …

Roland sucht im Radio einen deutschen Sender, findet Sender mit Nachrichten, Maria schaltet den Mixer an.
ROLAND: Pst, hea auf, Wetterbericht!
Maria schaltet den Mixer ab.
Während des Wetterberichts aus dem Radio läßt der Empfang spürbar nach; Roland versucht nachzuregulieren, Wellensalat, es funktioniert nicht.
ROLAND: Wenn ich an Wetterbericht hör, kannst du doch net an Mixer anmachen.
MARIA: Und wie is es Wetter?
ROLAND: Angeblich schön. *Zu den Kindern:* Jetz gehts amal runter vom Bett, Herrschaftseitn, da ist der Tisch, da wird anständig gspielt.
MARIA: Mei, weil s' aa net naus können …
BENGT: Babba, wann fahrn mir den wieder?
ROLAND: Du, gell!

Ein Gewitter. Der Raum ist fast dunkel. Man sieht einen Mann als Silhouette im Eingang stehen.

ROLAND: Hier, alles dunkel, kein Licht, no luce, finster.
MANN: In ganz Dalmatien kein Strom, großes Kata-stroph.
MARIA: Ja, un' mit was soll ich hier kochen?
MANN: Weiß nicht.
MARIA: Gut, daß ma Konserven dabeiham.
ROLAND: Ja, aber, de müssen doch irgenwie wieder an Strom herbringen. Des is jetz scho an ganzen Tag!
MANN: Tud mir leid. Rijeka kein Strom. Opatija kein Strom, nix Strom.
ROLAND: Ja, aber, sagn S' amal, wird denn des Wetter wieder besser?
MANN: Jajaja, schon, bald besser.
ROLAND: Es muß ja, mir san ja hier im Mittelmeer-raum.
MANN: Jajaja, Mittelmeer.

Bengt und Carmen kommen durchnäßt zur Tür herein.
MARIA: Ja, um Gottes willen, Bengt, wie schaugts 'n ihr aus.
ROLAND: Mei, die müssen ja auch amal naus.
MARIA: Ja, aber schau dir das an. Des is doch a Sauerei. Wenn s' wenigstens länger draußt bliebm waarn …
ROLAND: Mei, bei dem Wetter jagt ma net amal an Hund naus. Da könnens gar net länger draußt bleibm. Der oane Däne hat des aa gsagt, er sagt, so a Wetter hat er im Mittelmerraum noch nie erlebt.

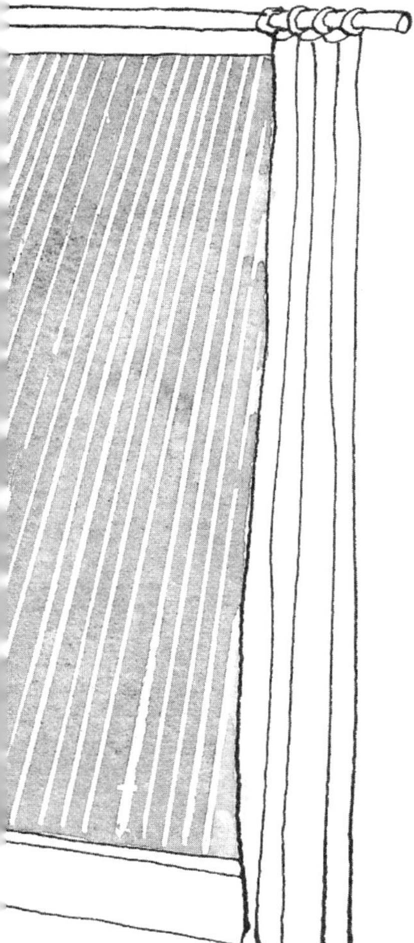

MARIA: Da, des kriagt ma ja gar nimmer raus, diesen roten Dreck, es nächste Mal ziehts eure Schuh aber draußt aus.
ROLAND: Der Däne hat aber gut lachen, weil der hat an Wohnwagen mit Heizung …

Familie Stadler sitzt eng zusammengerückt auf dem Bett, es regnet, der Fernseher läuft. Ein jugoslawisches Programm. Roland steht auf, geht zum Apparat, schaltet ein anderes Programm ein, wieder jugoslawisch. Roland schaltet den Fernseher ab.
ROLAND: Bei uns waar jetzt Sportschau …
MARIA: Was is, machma a Spiel?

Es regnet, regnet, regnet. Die Kinder sitzen apathisch herum, Roland liest den Reisebüroprospekt. Maria strickt.
ROLAND: Wenn ma jetz a Video hätt …
MARIA: Was?
ROLAND: I sog, jetz wenn ma a Videogerät dabeihätt … *Am Fenster* I glaub, des hellt jetz auf …
MARIA: Was, wo? *Auch zum Fenster.*
ROLAND: Da. *Deutet.*
MARIA: Wo?
ROLAND: Jessas, scho wieder. *Rennt aufs Klo.*
MARIA: I siehg da fei nix, daß's heller werd.
ROLAND: *aus dem Klo* Doch, doch! Vom Süden her!
MARIA: Schmarrn. *Ein Kind niest.* Des hat no gfehlt. Was eßma heit?

ROLAND: Mach halt a Bohnenbüchse auf!
MARIA: Konserven san fast alle aus!
ROLAND: Dann kauf aber fei ja nix mehr ei, vor allem koan Paprika!
MARIA: Geht's da scho besser?
Statt Antwort die Klospülung.
MARIA: Roland, was is, geht's da scho besser?
ROLAND: Frag net so blöd.
BENGT: Babba, die Dänen san jetz aa weg.
ROLAND: Vo mir aus.
MARIA: Warum fahrn an mir net?
ROLAND: *kommt aus dem Klo* Mir kanntn scho fahrn, aber mir ham doch ois scho zahlt, mit alle Schikanen.
Carmen niest wieder.
MARIA: Des hat no gfehlt.

Carmen liegt im Bett, Bengt sitzt apathisch herum, Maria schreibt Urlaubspostkarten, Roland sitzt wieder auf dem Klo.
ROLAND: Hast am Rüdiger Wolf scho gschriebn?!
MARIA: Sowieso!
ROLAND: Was hast 'n eahm gschriebn?!
MARIA: Mei, des Übliche: erholsamer Urlaub un' so …
Klospülung. Roland erscheint.
ROLAND: Hast aber scho geschriebn, daß mir's schön ham.
MARIA: Sowieso. Und so, mei, hamma's ja eigentlich aa ganz schön …

BENGT: Des stimmt doch gar net, Mami.

ROLAND: Du halst di da raus, Saubua! Jessas …

Verschwindet wieder.

MARIA: Wie geht's? Nimm noch a Kohletablette!

ROLAND: Des vergeht scho wieder.

MARIA: Soll ich an Dr. Gropper auch an Gruß schicken?

ROLAND: Freilich, mach!

BENGT: Mutti, schau, da kommen wieder zwei Wohnwägen.

MARIA: Du, da kommen wieder zwei neue Wohnwägen!

ROLAND: Jaja, werst sehn, des wird jetz dann besser, mir san ja hier im Mittelmeerraum!

Alles über Spanien

Karl A. Sotbrenner resümiert.

Der Sonnenschirm in Calella jederzeit um die circa vierhundertfünfundsiebzig Pesetas, also Peseten, Pesetas, wie man dort sagt, zu haben, das sind, nicht, so um die acht Mark, also, je nachdem, wo man einwechselt, es gibt ja auch Ganoven, nicht wahr, und das Essen, nicht wahr, Wiener Schnitzel, na ja, da muß man auch so um die acht-, neunhundert Pesetas hinlegen, aber alles da, mit Pommes und so weiter, mit Salat, ordentlich durchaus, das Haus wird von einer Deutschen geführt, deshalb kann man auch 'ne Pizza bekommen, mit allem, das ist auch preislich, nicht wahr, so um die sechshundert Pesetas zu haben, auf der rechten Seite ist auch 'ne Pizzeria, ersatzweise auch 'ne Paella zu haben, so auch um die fünfhundert Peseten, Möglichkeit zum Stierkampf haben wir nicht wahrgenommen, wegen dieser Hitze, nicht wahr, aber man kann den Strand in circa vier-, fünfhundert Metern erreichen, da muß man mit dem Gummiboot und so, geht man durch 'ne Autobahn und dann über so 'ne Eisenbahnstrecke rüber, das Meer, nicht wahr, azurblau, sauber alles, nicht wahr, ham da nette Menschen, nicht wahr, da warn Toyotahändler aus

Bad Schwertheim, also, sehr freundliche Leute, wir sind dann doch in zwoundzwanzig Stunden bei nur zwomaligem Tanken durch, radebutz, Frankreich haben wir ohne Aufenthalt durchgeschafft, nicht wahr, und damit gut gebräunt von Calella in Olching angekommen, ich hatte diesmal Bestzeit, unser Nachbar, der diesmal mit war, der hat 'ne Stunde länger gebraucht, aber der hat sich noch Avignon angesehen.

Schweden

A: Tunesien, sechshundertvierunddreißig Mark.

B: Das lasse ich mir eingehen. Wir hatten Costa Rica, fünfhundertneunzig Mark.

A: Mit allem?

B: Ja, mit allem.

A: Tunesien war auch mit allem?

B: Letztes Jahr – Kuba …

A: Ich weiß – vierhundertachtzig Mark.

B: Nein. Vierhundert. Vierhundert Mark! Mit allem Pipapo!

A: Wahnsinn!

B: Aber Sie werden's nicht glauben.

A: Was?

B: Bulgarien. Zweihundertachtzig!

A: Und alles drin?

B: Und ob. Darauf können Sie sich verlassen.

A: Das darf doch nicht wahr sein.

B: Jetzt kommt's erst richtig.

A: Lassen Sie's raus.

B: Der Dr. Döbel!

A: …

B: Schweden!

A: Und?

B: Fünftausend.

A: Mit oder ohne?
B: Ohne irgendwas!
A: Einfach nur Schweden?
B: Nur Schweden, sonst nichts!
A: Typisch Dr. Döbel.

Bahli, Balli – Bali

A: Servus!
B: Ja – ah – servus!
A: Ja, Mensch – ha!
B: Ja …
A: Und? Was is im – Busch?
B: Mei! Nix – eigentlich.
A: Gar nix?
B: Schon!
A: Was?
B: Na ja …
A: Hast a neues Auto?
B: Naa – naa – nanaa – nein.
A: Aber?
B: Ich fahr fort …
A: Fort?
B: Ja, a bißl – fort halt.
A: Wohin?
B: Bahli.
A: Balli.
B: Ja – Balli.
A: Direkt – Balli?
B: Möglich – schon möglich.
A: Balli! Da is's warm!
B: Ja – doch.

A: Ziemlich warm! Direkt heiß!

B: Hmmm – ja.

B: Also dann, viel Spaß.

B: Danke. Genau. – Also – servus.

A: Servus!

Zwei Wochen später

A: Griaß de!

B: Servus!

A: Und? Balli?

B: Ja mei ...

A: Wie war's?

B: Doch! Mei? Schon!

A: War's warm?

B: Ja, schon ...

A: Und sonst?

B: Mei – was soll ma sagen?

A: Is's eine Insel?

B: Freilich! Sowieso!

A: Ja, ja – Balli.

B: Genau! Na ja, Gott sei Dank, hamma des auch wieder!

Alles über Frankreich

Karl A. Sotbrenner rekommandiert.

Der Sonnenschirm, nicht wahr, der Parasol, wie sie da sagen an der Côte d'Azur, an der Côte, nicht wahr, das ist ja unter vierzig Francs überhaupt nicht zu haben, nicht wahr, die langen hin, also die Burschen, nach der Abwertung, das sind immerhin noch … das sind ja fast zwanzig Mark, ich meine … Wiener Schnitzel, nicht wahr, wenn man's überhaupt bekommt, da verlangen die hundert Francs, französische Francs, nicht wahr, das muß man sich mal vorstellen, sage und schreibe hundert Francs, nicht wahr, und dann extra verlangen sie für Pommes, nicht wahr, oder mal 'n Salat, des wird extra berechnet, und auch das Publikum, was soll ich sagen, ich war … da war, an unserem Tisch saß immer ein Autohändler, so ein Peugeothändler aus Lyon, aber der sprach nur Französisch, dann hat er's spanisch und englisch versucht, aber das ist ja zwecklos, nicht wahr, und ja … am Strand da gab's eine Art Pizzeria, nicht wahr, aber die hat so ein

Algerier geführt, dann auch dort die Preise, auf der anderen Seite war auch 'ne Pizzeria, da hatten sie auch so 'ne Quiche, nicht wahr, aber da verlangen die pro Stück zwanzig, dreißig Francs, nicht wahr, das ist ja überhaupt nicht zu machen, ein Cola, das kann ich mir beim Juwelier kaufen, und, nun ja, unterbringungsmäßig, die Betten durchaus im deutschen Stil, so ikeaartig, zum Strand, nun gut, das waren dreihundert Meter, da mußte man so durch 'ne Autobahn durch und dann über die Eisenbahnschwellen, nicht wahr, das ging, das Meer, nu ja, das ist wie immer asür, also der Urlaub war ein Erfolg, Olching-Hyères dreizehneinhalb Stunden, und braun wie die Neger.

Die Nachbestellung

Ehepaar Heinz und Edeltraut Strobel sitzt in einer Autobahnraststätte. Ein Kellner serviert gerade zwei Extraknödel.

KELLNER: So. Zweimal Knödel extra.
HEINZ STROBEL: Da – stelln S' es her.
EDELTRAUT: Ah, Herr Ober, könntn mir doch a große Portion Sauerkraut ham, bittschön?
KELLNER: Einmal Kraut extra.
EDELTRAUT: *studiert die Karte* Nimm halt die Topfnpalatschinkn oder de mit Schoklad.
HEINZ: Qumpf…
EDELTRAUT: Oder nimmst halt beides.
HEINZ: Njoa.
EDELTRAUT: Und, mogst des Eis vorher oder danach?
HEINZ: *mit vollem Mund* Gleichzeitig.
EDELTRAUT: Oder nimm halt a Prinzregententorte zerscht. Du, de Obstkuchn ham fei aa recht ordentlich ausgschaut. Himbeer – oder so.
HEINZ: Hmhm.
EDELTRAUT: Oder wie wär's mit am Obstsalat?
HEINZ: Nänana…
EDELTRAUT: Oder ein Pfirsich-Melba. Da, heiße Himbeern auf Schlagrahm, hm?

KELLNER: *kommt mit dem Kraut* So, einmal Sauerkraut extra. Bitte schön, gnä' Frau.

EDELTRAUT: Naa, da ... *Deutet auf Heinz.*

KELLNER: Ah ja.

EDELTRAUT: Sagn Sie, Herr Ober, was is 'n bitte des Soufflé Prinz Eugen?

KELLNER: Eine Art süßer Eierschaum mit Schokolade, Nüssen und Maraschino und Sahne.

EDELTRAUT: Er vertragt keine Nüß, Nüsse rührt er mir nicht an.

KELLNER: Sie können auch wahlweise Rosinen dazu nehmen.

HEINZ: Umpfqumpf...

EDELTRAUT: Ah, Herr Ober, bringen S' mir doch bittschön noch a Mineralwasser.

KELLNER: Ein Mineral.

EDELTRAUT: Magst so an Prinz Eugen? Is amal was anders.

HEINZ: Qumpf...

EDELTRAUT: Oder des is überhaupts die Lösung – vorher ißt a Mokkatorte mit und dann a Fürst-Pückler-Eis ohne Sahne und hinterher noch a Kleinigkeit oder so, vielleicht doch diesen Eugen da.

HEINZ: Quampf...

EDELTRAUT: No, schmeckt de Haxn?

HEINZ: Na ja ...

KELLNER: *bringt das Wasser* So, ein Mineral.

EDELTRAUT: Äh, Sie, Herr Ober, weil Sie grad da

sind, könntn mir noch a bisserl was nachbestelln? Bringen S' ihm doch bittschön einmal Prinzregententorte.

HEINZ: Naa, i mog koa.

EDELTRAUT: Ah ja, Mokkatorte mit Schlagrahm. Mit Schlagrahm, gell?

HEINZ: Qumpf…

EDELTRAUT: Und dann bringen S' ihm noch an Fürst-Pückler-Eis. Des ohne Sahne.

HEINZ: Naa, mit.

EDELTRAUT: Ah ja, also doch auch mit Sahne. Und dann wolln wir doch amal dieses Soufflé Prinz Eugen probiern. Allerdings ohne Nüsse, bittschön. Gell, also mit Rosinen.
KELLNER: Gut, Prinz Eugen für Sie, gnä' Frau?
EDELTRAUT: Naa, wo denken Sie hin, i derf net. I mach zur Zeit a Abmagerungskur, i muaß abnehmen. Er is ja schließlich der Fahrer. Wissen Sie, reisen macht immer Appetit.

Der Kaiserschmarren

KELLNER: Buongiorno, signore.
GAST: Buongiorno. Äh, prego la … la carte.
KELLNER: Sì, sì, prego, signore.
GAST: Äh, vogliamo, hm, una hmhm, una bistecca, una bistecca con insalata e poi un, hmhm, un, una diserto, prego. Was möchtest du, Schatz? Hm, ja, ja hmhm, vogliamo una … vielleicht einen Karpfen? Carpe, aa … aveté, avete carpe? Ähäh, poi una … vielleicht ein kleines, ein Dessert? Nehmen wir vielleicht Kaiserschmarrn. Wir … vogliamo … vogliamo narretia del imperatore, sì, ma subito, nicht wahr. Subito, perché abbiamo fame e sete.
KELLNER: Also, entschuldigen Sie, mein Herr, aber isch so, weil die Kucherl hat schon geschlossen, gell, kemma gar nix mehr machen, nur noch Getränke gibt's.

Alles über Griechenland

Karl A. Sotbrenner rekapituliert.

Der Sonnenschirm für circa vierhundert Drachmen, jederzeit zu haben, das Essen, Wiener Schnitzel mit Pommes und Salat, um die circa achthundert Drachmen, nicht wahr, Fleischqualität, da muß man natürlich Abstriche machen, aber ein Mückenspray in einer Apotheke, auch um die vierhundert Drachmen zu haben, durchaus gute Qualität, aber nette Leute, das Publikum, nicht wahr, so 'n Mercedeshändler aus Worms, also, sehr angenehm, gleich zur Linken: Pizzeria, wo man alles haben kann, nicht wahr, Pizza mit allen Schikanen, um die zwei- bis dreihundert Drachmen zu haben bereits, drüben, gleich zur Rechten, noch mal Pizzeria, wird von einer original Berlinerin geführt, sehr sauber alles, auch um die fünfhundert Drachmen, zum Strand sind es fünfhundert Meter circa, mit allem Pipapo, Gummiboote und was man so hat, unter der Autobahn durch, dann über die Eisenbahn, Strand – hm, ja hm –, Meer wunderbar, Wolken, nicht wahr, Himmel azur, durchaus gebräunt zurück, nicht wahr, Saloniki-Olching fünfunddreißig Stunden bei nur viermaligem Tanken, ohne, also, in Nonstop schon zu Hause.

Der internationale Feinschmecker

Ein Imbißwohnwagen, daneben ein Resopaltisch zum Stehverzehr. Rauch von altem Öl aus dem Inneren des Wagens. Zwei Herren nähern sich dem Imbißstand in angeregter Unterhaltung.

HERR I: Skandinavien, gastronomisch eine Wüste, ich bitte Sie, Knäkkebrot, Seelachs – äußerst einseitig. Was habens denn sonst da droben? Von Finnland möcht ich lieber ganz schweigen. Was diese armen Hunde zu sich nehmen müssen …

HERR II: Aber vielleicht ...
HERR I: Ach, hören Sie mir doch auf damit! Spanien! Habn Sie mal a Paellia gessen?
HERR II: Ja.
HERR I: Na also, dann wissen Sie ja, was los is. Und dann diese Weine. Brrr! Entsetzlich. Ich meine, Italien, natürlich, vielleicht gibt's hie und da mal eine Lokalität, wo man speisen könnte, aber insgesamt betrachtet muß man auch Italien ad acta legen. Diese ewigen Teigwaren, ich kanns nimmer sehn. Auch gewürztechnisch is der Italiener noch infantil.
Die beiden sind an dem Wurststand angelangt.
HERR I: Ach bitte, geben Sie mir ein Nierenschaschlik. Mit doppeltem Ketschap.
HERR II: Mir 'ne Cörrywurst, bitte.

HERR I: Auch hier in Deutschland, mein Gott, ein paar Schmankerln, aber sonst, die deutsche Küche is ja praktisch tot. Das heißt, sie is ja gar nicht existent, eigentlich hat es sie ja noch nie gegeben. *Neue Fettwolke aus dem Imbißwagen.* Die deutsche Gastronomie is ja ein Widerspruch in sich, verstehn Sie? Wissen Sie, ich habe mir angewöhnt, wenig zu essen, aber wenn, dann … oh, là, là!
HERR II: Geben Sie mir 'ne Fanta.
HERR I: Ja, mir auch. Wissen Sie, eine Mahlzeit, *kein* Futter, das gibt es doch nur in Frankreich. Eventuell noch was Chinesisches, aber selbst das … *Winkt ab.* Ich sage nur: Bocuse, Haeberlin, besser gesagt: Aberlää, Winzigmann … Mmmh, diese Sorbets, diese Parfaits, haben Sie schon mal Cuissot au court-bouillon gegessen oder eine Volaille de Bresse à la broche?
HERR II: Sie meinen Brathuhn?
HERR I: Ach! *Winkt unwillig ab.* Oder Poularde de Bresse truffée mère Brazier, Paupiettes de veau und so weiter und dazu einen 67er Sancerre oder einen 64er Chablis. *Nimmt einen Schluck Fanta.* Zum Wild dann eher Bordeaux. Wissen Sie, hier ernährt man sich. Aber essen, richtig essen kann man nur in Frankreich. Nur in Frankreich! *Beißt in sein Nierenschaschlik, mit Kennermiene* Mmh, sehr gut.

Menschenfresser

Wir haben gesagt, Mariele, Mariele, du konntest ja letztes Jahr nicht mit uns mitkommen, weil du warst ja verhindert, du hast ja deinen Pilz ghabt, und außerdem hast du den Führerschein gmacht, gell. Du hast ja den Führerschein gmacht und hast dazu dreiundneunzig Stunden gebraucht, ich mein, du hast jetzt den Führerschein, ham mir gsagt, Mariele, aber es ... du warst verhindert, du konntest nicht mit uns mitfliegen, außerdem sind wir ja letztes Jahr nur auf die Virgin Islands gefahren, des war wegen diesem Benefizessen, dieses Wohltätigkeitsessen, das war dieses Lobster-Festival ... äh, äh, zugunsten der Tiramisu-Geschädigten. Und wir haben gesagt, Mariele, dafür kannst du dieses Jahr mit uns mitfliegen, wenn wir diesen Gastronomie-Adventure-Trip machen. Äh, der Gastronomie-Adventure-Trip wurde von der Zeitschrift ... ähm ... nicht »essen & trinken«, auch nicht »Der Feinschmecker«, sondern wurde von ... »Le Gourmeur« veranstaltet – der »Le Gourmeur«. Und die haben des organisiert, und wir sind dann, an dem Donnerstag, wo es so saukalt war, da sind wir dann vom Franz-Josef-Strauß-Airport weggeflogen, nonstop, direkt über Singapur, dann nach Sydney, weil Sydney war unser Headquarter. Und wir sind dann, jetzt warten Sie, des war dann, ich komm immer mit der Zeit durcheinander, weil da war dieser Jetlag; der Vati hat auch gesagt, Jetlag, na, des hättens ja in den Prospekt reinschreiben können, daß da ein Jetlag is, net, weil mir ham ja den Tag bezahlt, aber mir ham ihn nicht gekriegt, net, so ein Jetlag, das ist ungefähr so was wie … äh … ein Disagio bei der Bank, net, das Geld sieht man auch nicht mehr. Na ja, und dann war der erste Gastronomie-Adventure-Trip, der stand unter dem Motto … äh, »Essen …«, äh … »Wir fliegen zu den Aborigines: Essen wie vor zehntausend Jahren«. Wir haben halt gedacht, na ja, des is halt ein … äh … das ist halt ein – Motto, wir haben ja nicht gewußt, daß die wirklich wie vor zehntausend Jahren fressen, net; und ich muß auch sagen, was sich diese Aborigines ausgedacht haben, also das ist – mit essen hat das nichts zu tun, gell. Des ist auch kein Abenteuer, sondern ein Skandal. Da ham sie dem Vati – zum Beispiel ham die serviert … a so … ähm … äh, hm, so, so … Insektenrouladen, nicht, und dann so Termitenravioli … also, grauenhaft, net. Der Vati hat sich wirklich überwunden, daß er überhaupt – es zu sich nimmt, net. Und wie er des wollte, da kommt der Bürgermeister, oder was er ist, von diesen Aborigines und spuckt dem Vati auf diese Ravioli drauf, net. Der Vati hat gleich den Guide kommen lassen, hat gsagt, »Sie, der Kerl, der speit auf meine Ravioli drauf«. Dann sagt der Guide, »na ja, des is bei denen eine alte Tradition, das bedeutet bei denen »guten Appetit«. Und dann hat der Vati gsagt, »ja, sagn Sie dem amal, ob er nicht weiß, daß die zehntausend Jahre jetzt vorüber sind«, net – also fürchterlich! Und der Vati hat sich wirklich, also – überwunden! Es war so ungustiös, gell? So ungustiös! Und trotzdem, der Vati beißt rein, nein, also staubtrocken. Der Vati hätt beinah einen Hustenanfall bekommen, gell – also so trocken. Der Vati hat gesagt, »also, ein – Gugelhopf ist ein feuchter Schwamm dagegen«, net – grauenhaft. Und dann – ham sie ihm eine Sauce gebracht, eine Pfefferminzsauce, und dann sagt der Vati, »na ja, was heißt Pfefferminzsauce! Muß ich zwanzigtausend Kilometer fliegen, daß ich eine Pfefferminzsauce bekomme?« Oder, damit Sie sich's vorstellen können, was die noch serviert ham: Dann ham sie einen Heuschreck serviert – ein Heuschreck, so groß wie ein Dackel. Aber den Heuschreck selber, den verzehren sie nicht, net, sie essen nur seine Exkremente, net, auf deutsch: den Scheißdreck. Also, hören Sie auf! Wir ham drei Kreuze gemacht, wie wir endlich wieder im Headquarter waren. Aber dann, beim »Le Gourmeur«, ham sie sich dann schon angestrengt, sie ham gewußt, jetzt müßten sie sich ins Zeug legen, und im Mainland haben wir dann bekommen, jetzt warten Sie, wir ham gegessen, ein – das war sehr gut, à point, also das Fleisch war à point, ähm -, einen Carpaccio, ein Fleisch vom Koalabären. Nur dann ham sie wieder eine Pfefferminzsauce draufgeschüttet. Die tun auf alles Pfefferminzsaucen drauf. Wissen Sie, weil diese Australier haben das schwere Erbe der englischen Küche angetreten. – Oder wir ham gegessen, das war ein Auflauf, ein … ähm … Soufflé an Flamingozungen, hat's geheißen. Flamingozungenauflauf an Bordeaux-Wein, nicht. Aber da war gerade diese Mururoa-Sache, diese Gaudi mit diesen Atomtests, Sie wissen schon. Und dann kommt der Guide daher und sagt, ob wir ausnahmsweise statt diesem Bordeaux vielleicht doch lieber einen Trollinger trinken. Und dann hat der Vati gesagt, »na ja, also wenn wir damit dem Chirac eins auswischen, in Gottes Namen, trinken wir auch einen Trollinger dazu«. Und dann kam diese Enttäuschung, so eine Enttäuschung, also, ich hab den Vati noch nie so enttäuscht gesehen. Wissen Sie, aber es ist auch im Prospekt gestanden, es hat ja auch geheißen, wir bekommen einen Tafelspitz vom Riesenwaran. Es ist ja ausdrücklich dringestanden, dann kommt der Guide daher im letzten Moment und sagt, den Riesenwaran können sie nicht mehr servieren, der letzte Waran ist vor drei Monaten ausgestorben, ein Zahnarztehepaar aus Ebersberg bei München hat den letzten gefressen. Also, Sie hätten unsern Vati sehn sollen … Der Vati war – also, vollkommen desillusioniert. Er hat gesagt, »warum mache ich die Reise, warum mach ich diese Reise«, er sagt, »einmal in meinem Leben hätte ich halt so gern einmal etwas Ausgestorbenes probiert«. Na ja, dann haben sie sich dafür entschuldigt und haben ersatzweise diese Eier serviert von diesen Sch .... äh ... Riesenschildkröten, wissen Sie, und der Guide hat gesagt, er geht davon aus, äh ... die sterben auch bald aus. Und dann haben sie sie serviert und haben wieder diese Pfefferminzsauce drauf. Na ja, also jetzt, kurze ... lange Rede, kurzer Sinn, und dann kam der Höhepunkt der Reise: Das Motto hat geheißen »Wir fliegen zu den Papalangi«, das sind diese Man-Eater, wobei ich sagen muß, der Begriff Man-Eater ist mißverständlich, denn sie essen ja Frauen auch. Also, wir sind rübergeflogen mit Transfer und Propellermaschine, und dann – eine Hitze, ich sag Ihnen, eine Hitze, brüllende Hitze, Dreck, Schlamm, Mücken, Schnaken, Bremsen, nicht wahr, fürchterlich, bis man zu diesen Man-Eatern kommt. Stundenlang sind wir mit dem Ranch Rover durch diesen Dreck, weil dieser Stamm ist ja erst vor einem Dreivierteljahr entdeckt worden, aber sie sind bereits ... äh ... katholisch – also den Papst kennen sie. Und einer von ihnen, der Medizinmann, hat sogar diesen Karl Moik, diesen ... äh ... vom ... vom ... Musikantenstadl, hat er schon auf einem Bild dabeigehabt. Und ... äh ... und ich muß auch sagen, diese Man-Eater, sie sind auch ... also ... herrlich in ihrem Benehmen, wie sie uns empfangen ham, mit einer Herzlichkeit und einer Natürlichkeit, mit einer Nonchalance haben sie uns begrüßt, und sie haben getrommelt – sie trommeln ja so gerne –, mit einer Inbrunst haben sie getrommelt, »Stille Nacht« ham sie getrommelt, und … ähm … und das Kufsteinlied und »Horch, was kommt von draußen rein«. Also diese Man-Eater! Und dann muß ich noch sagen, ja, als es dann soweit war, bevor wir zu Tisch gebeten wurden, äh … ist der Guide noch mal gekommen und hat uns gesagt, »wer jetz dann kein Menschenfleisch nicht essen will, braucht es auch nicht zu essen, der kann ersatzhalber auch Maultaschen oder Spaghetti oder ein Tiroler Gröstl bekommen, also keiner muß es essen«. Nur unser Vati hat gesagt, »kommt nicht in Frage, ich hab das Fleisch bezahlt, ich hab's gebongt, und wir essen es auch«. Und wie diese Man-Eater auch den Tisch gedeckt haben, das muß man gesehen haben. Also, und mit einem Geschmack, diese Man-Eater. Sie ham ein Dekor und auch ökologisch, also, zum – alles so schön hergerichtet, keinerlei Plastik, nur Porzellanteller, wunderbar gedeckt, der Tisch, also, man … man muß zugeben und sehen, diese Man-Eater, sie sind auf der Höhe der Zeit, sie wissen, das Auge ißt mit. Und dann, bevor wirklich serviert wurde, hat unser Vati, weil wissen Sie, unser Vati ist seit diesem Rinderwahn mit dieser BSE-Geschichte, ist unser Vati sehr hellhörig, alles, was Fleisch angeht. Und dann hat er den Guide kommen lassen, hat gesagt, »bitte, sind Sie so nett und verraten Sie mir, woher kommt das Fleisch?« Aber der Guide hat ihn gleich beruhigt und hat gesagt, nein, er garantiert, das Fleisch ist clean, also er gibt ein Zertifikat, sie legen eine Hand ins Feuer, also sie sind da … also wir brauchen keinerlei Angst zu haben, das Fleisch ist vollkommen in Ordnung. Er sagt, das Fleisch kommt höchstens, er sagt, wenn diese Man-Eater einen erwischen, vielleicht einmal von den Boat people, dann kann es sein, daß er in den Topf kommt, oder in seltenen Fällen, aber wirklich nur sehr selten, wenn er überhaupt hergeht, dann vielleicht einmal ein Blauhelm, aber er sagt, wenn da ein Engländer dabei ist, dann lassen sie ihn sowieso wieder laufen. Also, ich sag's ganz ehrlich, ich bräuchte kein, äh … kein Menschenfleisch essen, und das Mariele hat auch gesagt, nein, also jeden Tag müßte sie das wirklich nicht haben. Und wir ham's auch nicht mitgenommen, weil sie ham's uns als Suppe in Konservendosen noch verkaufen wollen, nicht? Also man muß es wirklich nicht immer essen, aber auf der andern Seite sag ich halt, mein Gott, man war einmal dabei, man hat's einmal probiert, man kann halt doch einmal mitreden.

Die Weltreise

Wir haben heuer mal eine Weltreise gemacht.
Aber ich sag's Ihnen gleich, wie es ist: Da fahren wir nimmer hin.